Census Of The Plants Of Tasmania, Instituted In 1879

Ferdinand Von Mueller

In the interest of creating a more extensive selection of rare historical book reprints, we have chosen to reproduce this title even though it may possibly have occasional imperfections such as missing and blurred pages, missing text, poor pictures, markings, dark backgrounds and other reproduction issues beyond our control. Because this work is culturally important, we have made it available as a part of our commitment to protecting, preserving and promoting the world's literature. Thank you for your understanding.

CENSUS OF THE PLANTS OF TASMANIA, INSTITUTED IN 1879.

By Baron Ferd. von Mueller, C.M.G., M.D., PH.D., F.R.S.

(Papers and Proceedings, Royal Society of Tasmania, 1879.)

I.

In the following pages the first part of a statistic essay on Tasmanian plants is submitted to the Royal Society. This portion of the essay is limited to a list of those plants which hitherto have become known from the main island and the smaller isles under its political jurisdiction, as far as Di- and Mono-cotyledoneæ and Ferns are concerned. The arrangement is effected chiefly in accordance with the Candollean system, which in most respects represents that of Jussieu in a reversed series. But the apetalous orders of Jussieu or the Monochlamydeæ of Candolle have been distributed, with the exception of the amentaceous orders, in the other large systematic divisions, and thus several ordinal groups of plants, which by adherence to the usual methods of arrangement would stand far apart, have been brought into close proximity, according to their nearest natural affinities. Since the completion of Dr. Hooker's great work in 1860 about fifty cotyledonar plants, indigenous to the Tasmanian territory, have been discovered; but probably another half-hundred or more could yet be added by future searches, especially if such were further extended to King's Island and the interior north-western regions of the main island, where particularly among the waterplants, rushes, sedges, and minute weeds an extensive additional harvest might probably be gathered. Along with the generic and specific names in the list now prepared, is also quoted the particular publication in which each plant became systematically first established. Hence further details may be traced out from these literary indications regarding also all the plants added since the publication of the Flora Tasmanica. Bentham's important labours for 17 years past on the vegetation of all Australia have been of material aid not only in augmenting the list to its present extent, but also in reducing many specific names to older appellations, to be maintained by the right to priority. To avoid any perplexities which might arise from this needful change of names, whenever Dr. Hooker's fundamental work is to be consulted in connection with this list, it becomes necessary to quote, at the end of each line, the number or numbers under which the species are arranged at pages lvi.-lxxxiii. in the preface to the Flora Tasmanica.

Wide researches into the vegetation of the whole of Australia, to which the writer has devoted much of his time during the last 32 years, have tended to change in many instances the limits assigned originally to the Tasmanian plants, and have shown a degree of variability of many species much higher than could have been anticipated from local studies. Eliminated from the present index are several plants formerly regarded as indigenous, and it is almost certain that some others ought yet to be transferred from the list of indigenous to that of the introduced species. A clear aspect of the original vegetation becomes disturbed by mixing the naturalised with the natural plants; the number of the latter may at last become fixed, but that of the former will increase constantly. An enumeration of such foreign plants as are settled beyond extirpation in the island will form part of the next chapter of this dissertation. A few other plants, accepted in Dr. Hooker's works, have also been excluded here, as their specific validity remained yet obscure. They must find, if necessary, a place in supplemental notes to this compilation. It is also intended to continue this essay in other directions, while statistic labours on the plants of the colony of Victoria are progressing, inasmuch as the vegetation of each of the Australian provinces can only be fully elucidated by comparative studies. Material which Tasmanian residents, imbued with scientific taste, will be inclined to secure for the purposes indicated, will be gratefully utilised, and will tend to advance the knowledge of the indigenous vegetation towards gradual completion. Finally, then, also inexpensive volumes on the native plants of the island and its dependencies, such as the meritorious publication of the late Rev. W. W. Spicer, might emanate from augmented material and extended studies for educational purposes, recreative intellectual occupations, utilitarian references, or further contributions to science.

Dicotyledoneæ.

Ranunculaceæ.

	Hook. Fl. Tas.
Clematis aristata, R. Br. in Cand. Syst. I., 147	1, 2, 3
——— microphylla, Cand. Syst. I., 147	4
Anemone crassifolia, Hook. Icon, t. 247	5
Ranunculus aquatilis, L. Sp. Pl., 556	6
——— Gunnianus, Hook. Journ. I., 244, t. 133	7
——— lappaceus, Sm. in Rees' Cyclop. n. 61	8, 9, 10, 11, 14
——— rivularis, B. & S. in G. Forst. Prodr. 90.	12, 13, 15
——— parviflorus, L. Sp. Pl. ed. II., p. 780	16, 17
Caltha introloba, F. M. in Transact. Phil. Soc. Vict. I., 98	18

Dilleniaceæ.

Hibbertia densiflora, F.M. Pl. of Vict. I., 15	26
——— hirsuta, Benth. Fl. Austr. I., 26	29
——— stricta, R. Br. in Cand. Syst. I., 422	28
——— Billardieri, F.M. Pl. of Vict. I., 14	27
——— acicularis, F.M. Pl. of Vict. I., 17.	25
——— serpillifolia, R. Br. in Cand. Syst. I., 430	24
——— angustifolia, Salisb. Parad. Lond., 73	21
——— fasciculata, R. Br. in Cand. Syst. I., 428	22
——— virgata, R. Br. in Cand. Syst. I., 428	23

Magnoliaceæ.

Drimys aromatica, F.M. Pl. of Vict. I., 20	19

Monimieæ.

Atherosperma moschatum, La Bill. Specim. II., 74, t. 224	20

Papaveraceæ.

Papaver aculeatum, Thunb. Fl. Cap. 431.

Cruciferæ.

Nasturtium terrestre, R. Br. in Ait. Hort. Kew. sec. ed. IV., 110	36
Barbarea vulgaris, R. Br. in Ait. Hort. Kew, sec. ed. IV., 109	35
Cardamine stylosa, Cand Syst. II., 248	31
——— dictyosperma, Hook Journ. I., 246	32

Cardamine radicata, J. Hook. Icon. Pl. t. 882 30
———— hirsuta, L. Sp. Pl., 655.................33, 34
Draba muralis, L. Sp. Pl., 642 41
Stenopetalum lineare, R. Br. in Cand. Syst. II., 513 .. 37
Capsella elliptica, C. A. Meyer Verz., 194. 38
———— antipoda, F.M. Pl. of Vict. I., 44 ....39, 42
Lepidium foliosum, Desv. Journ. III., 164 ....43, 45
———— ruderale, L. Sp. Pl., 645.................. 44
Thlaspi Tasmanicum, J. Hook. Fl. Tasm. I., 23 40
Cakile maritima, Scop. Flor. Carn. II., 35.

Violaceæ.

Viola betonicifolia, Sm. in Rees' Cyclop. n. 7 47
——— Caleyana, G. Don. Dichl. Pl. I., 329 49
——— Cunninghami, J. Hook. Fl. New Zeal. I., 16 48
——— hederacea, La Bill. Specim. I., 66, t. 91 46
Hymenanthera Banksii, F.M. Pl. of Vict. 1, 69 50

Droseraceæ.

Drosera Arcturi, Hook. Journ. of Bot. I., 247........ 51
———— pygmæa, Cand. Prod. I., 317 52
———— spathulata, La Bill. Specim. I., 79, t. 106 53
———— binata, La Bill. Specim. I., 78, t. 105 54
———— auriculata, Backh. in Ann. Scienc. Nat. Trois.
  Ser. IX., 95 56
———— peltata, Smith in Willd. Sp. Pl. I., 1546.. 57. 58, 59
———— Menziesii, R. Br. in Cand. Prodr. I., 319 55

Pittosporeæ.

Pittosporum bicolor, Hook. Journ. I., 249............ 72
———— undulatum, Andr. Bot. Rep. t. 393.
Bursaria spinosa, Cav. Icon. IV., 30, t. 350 73
Marianthus procumbens, Benth. Fl. Austr. I., 117 74
Billardiera scandens, Sm. Bot. New Holl. I., t. 1...... 70
———— longiflora, La Bill. Specim. I., 64, t. 89 ....69, 71

Polygaleæ.

Comesperma volubile, La Bill. Specim. II., 2, t. 163... 60
———— retusum, La Bill. Specim. II., 22, t. 160.. 61
———— ericinum, Cand. Prodr. I., 334.......... 62
———— calycomega, La Bill. Spec. II., 23, t. 162. 63
———— defoliatum, F.M. Pl. of Vict. I., 189,

Tremandreæ.

Tetratheca ciliata, Lindl. in Mitch. Three Exped. II., 206	64
———— pilosa, La Bill. Specim. I., 95, t. 122...65, 66, 67,	68

Sterculiaceæ.

Lasiopetalum discolor, Hook. Comp. Bot. Mag. I., 276	92
———————— dasyphyllum, Sieb. in Hook. Journ. II., 414	93
———————— micranthum, J. Hook. Fl. Tasm. I., 51 ..	94

Tiliaceæ.

Aristotelia peduncularis, J. Hook. Fl. Tasm. I., 52	95
Elæocarpus cyaneus, W. T. Ait. Epit. Hort. Kew. Add. 367.	

Malvaceæ.

Lavatera plebeja, Sims Bot. Mag. t. 2269	88
Plagianthus sidoides, Hook. Bot. Mag. t. 3396	91
—————— pulchellus, A. Gray Bot. Wilk. Exped. I., 181	90
—————— spicatus, Benth. in Journ. Linn. Soc. VI., 103	89

Euphorbiaceæ.

Bertya rosmarinifolia, Planch. in Hook. Lond. Journ. IV., 173	734
Ricinocarpus pinifolius, Desf. in Mem. du Mus. III., 459, t. 22	731
Beyera viscosa, Miq. in Ann. Scienc. Nat. Trois. Ser. I., 350, t. 15 732,	733
Amperea spartioides, Brogn. in Duperr. Voy. 226, t. 49	735
Micrantheum hexandrum, J. Hook in Lond. Journ. VI., 283	738
Pseudanthus ovalifolius, F. M. in Trans. Phil. Inst. Vict. II., 66.	
Poranthera microphylla, Brogn. in Duperr. Voy. 219, t. 15	739
Phyllanthus australis, J. Hook. in Lond. Journ. VI., 284	737
————— Gunnii, J. Hook. in Lond. Journ. VI., 284	736
Euphorbia Drummondi, Boiss. Cent. Euph., 14.	

Urticeæ.

Parietaria debilis, G. Forst. Prodr. 73	741
Australina pusilla, Gaud. in Freyc. Voy. 505	742
Urtica incisa, Poir. Encycl. Suppl. IV., 223	740

Sapindaceæ.

Dodonæa viscosa, L. Mantiss. 228 100
——— ericifolia, G. Donedichlam., Pl. I., 674 101

Hypericineæ.

Hypericum Japonicum, Thunb. Fl. Japon., 295 ...... 96, 97

Elatineæ.

Elatine minima, F. and M. in Linnæa X., 73 87

Lineæ,

Linum marginale, A. Cunn. in Hook. Lond. Journ. VII.,
169 86

Geraniaceæ.

Geranium dissectum, L. Sp. Pl. Ed. II., p. 956.. 102, 103, 104
Pelargonium Australe, Willd. Spec. Pl. III., 675.... 105, 106
Oxalis Magellanica, Forst. Comment. Gœtting IX., 33 . 107
——— corniculata, L. Sp. Pl. 435 108

Zygophylleæ.

Zygophyllum apiculatum, F.M. in Linnæa XXV., 373.. 110
——————— Billardierii, Cand. Prodr. I., 705........ 109

Rutaceæ.

Correa alba, Andr. Bot. Rep. t. 18 111
——— speciosa, Ait. Epit. Hort. Kew, 366 ....112, 114
——— Lawrenciana, Hook. Journ. I., 254 113
Zieria Smithii, Andr. Bot. Rep. t. 606 121
——— cytisoides, Sm. in Rees Cycl. n. 4.
Boronia pinnata, Sm. Tracts, 290, t. 4 .... 127, 128
——— pilosa, La Bill. Specim. I., 97, t. 124 125
——— polygalifolia, Sm. Tracts, 297, t. 7 .... 124, 126, 129
——— rhomboidea, Hook. Icon. Pl. t. 722 122
——— parviflora, Sm. Tracts, 295, t. 6.............. 123
Eriostemon virgatus, A. Cunn. in Hook. Journ. II., 417 120
——— obovalis, A. Cunn. in Field's N. S. Wales,
331 119
——— montanus, F. M. Pl. of Vict. I., 129 116
——— Daviesii, F. M. 118
——— Hillebrandi, F. M. in Transact. Phil. Soc.
Vict. I., 10..................................... 117
——— Oldfieldii, F. M. Fragm. I., 3.

Eriostemon squameus, La Bill. Specim. I., 116, t. 141.. 115
Acradenia Frankliniæ, Kipp. in Transact. Linn. Soc. XXI., 207, t. 22 130

Frankeniaceæ.

Frankenia pauciflora, Cand. Prodr. I., 350............ 75

Plumbagineæ.

Statice taxanthema, Rœm. and Schult. Syst. I., 959.... 652

Phytolacceæ.

Didymotheca thesioides, J. Hook. in Lond. Journ., VI., 279 669

Caryophylleæ.

Stellaria pungens, Brogn. Voy. Coq. t. 78............ 85
——— glauca, With. Arrang. I., 420 84
——— flaccida, Hook. Comp. Bot. Mag. I., 275 83
——— multiflora, Hook. Comp. Bot. Mag. I., 275 ... 82
Colobanthus Billardierii, Fenzl. in Ann. Wien. Mus. I., 49 ....80, 81
Scleranthus biflorus, J. Hook. Fl. Nov. Zel. I., 74 ....77, 78
——— diander, R. Br. Prodr., 412............. 79
Spergularia rubra, Arduino in Pers. Syn. I., 504 76
Sagina apetala, L. Mantiss. 559.

Portulaceæ.

Claytonia Australasica, J. Hook. Icon. Pl. t. 293...... 289
——— calyptrata, F. M. Fragm. III., 89.......... 288
Montia fontana, L. Sp. Pl., 87..................... 290

Amarantaceæ.

Hemichroa pentandra, R. Br. Prodr., 409............ 672
Alternanthera denticulata, R. Br. Prodr., 417 671
Ptilotus spatulatus, Poir. Dict. Suppl. IV., 620........ 670

Salsolaceæ.

Rhagodia nutans, R. Br. Prodr., 408................ 674
——— Billardieri, R. Br. Prodr., 408 673
Atriplex cinereum, Poir. Dict. Suppl. I., 471 677
——— paludosum, R. Br. Prodr., 406.
——— crystallinum, J. Hook. in Lond. Journ. VI., 279 679
Threlkeldia diffusa, R. Br. Prodr., 410 680

Suæda maritima, Dumort. Fl. Belg., 22.............. 681
Salicornia australis, Soland. in G. Forst. Prodr., 88 683
———— arbuscula, R. Br. Prodr., 411 682

Ficoideæ.

Mesembrianthemum æquilaterale, Haw. Misc., 77 295
———————— australe, Soland. in G. Forst. Prodr.,
91. 296
Tetragonia expansa, Murr. in Comment. Gœtting, 6 ... 297
———— implexicoma, J. Hook. Fl. Tasm. I., 148... 298

Polygoneæ.

Muehlenbeckia appressa, Meissn. Gen. Pl., 227 667
———————— axillaris, J. Hook. in Lond. Journ. VI.,
278 668
Polygonum strigosum, R. Br. Prodr., 420............ 665
———— prostratum, R. Br. Prodr., 419 666
———— minus, Huds. Fl. Angl. I., 148 663
———— subsessile, R. Br. Prodr., 419............ 654
———— lapathifolium, L. Sp. Pl., 360.
Rumex Brownii, Campd. Monogr. Rum., 81 661
———— bidens, R. Br. Prodr., 421 662

Leguminosæ.

Sphærolobium vimineum, Sm. in Ann. of Bot. I., 539.. 160
Daviesia latifolia, R. Br. in Ait. Hort. Kew, sec. ed. III.,
20 158
———— ulicina, Sm. in Ann. of Bot. I., 506 157
Aotus villosa, Sm. in Ann. of Bot. I., 504............ 159
Phyllota diffusa, F. M. Fragm. I., 8 175
Pultenæa daphnoides, Wendl. Bot. Beobacht, 49 164
———— stricta, Sims in Bot. Mag. 1588............ 165
———— Gunnii Benth. in Annal Wien. Mus. 169, 180
———— pedunculata, Hook. in Bot. Mag., 2859 176
———— subumbellata, Hook. in Bot. Mag., 2859 176
———— dentata, La Bill. Specim. I., 103 t. 121... 168, 170
———— hibbertioides, J. Hook. Fl. Tasm. I., 89 172
———— juniperina, La Bill. Specim. I., 102 t. 130..173, 174
———— humilis, Benth. in J. Hook. Fl. Tasm. I., 91 177
———— selaginoides, J. Hook. Fl. Tasm. I., 87 167
———— prostrata, Benth. in J. Hook. Fl. Tasm. I., 89 171
———— fasciculata, Benth. in Annal. Wien. Musc. II.,
182 179
———— tenuifolia, R. Br. in Bot. Mag., 2086 178
Dillwynia ericifolia, Sm. in Ann. of Bot. I., 510 161

Dillwynia floribunda, Sm. in Ann. of Bot. I., 510	162
———— cinerascens, R. Br. in Bot. Mag., 2247......	163
Gompholobium Huegelii, Benth. in Hueg. Enum., 29..	156
Oxylobium ellipticum, R. Br. in Ait. Hort. Kew, sec. ed. III., 10	154, 155
Platylobium triangulare, R. Br. in Ait. Hort. Kew, sec. ed. IV., 266	187
———— obtusangulum, Hook. in Bot. Mag., 3258..	188
———— formosum, Sm. in Transact. Linn. Soc. II., 350	189
Bossiæa cordigera, Benth. in Hook. Fl. Tasm. I., 95 t. 16	185
———— cinerea, R. Br. in Ait. Hort. Kew, sec. ed. IV., 268	186
———— prostrata, R. Br. in Ait. Hort. Kew, sec. ed. IV., 268	184
———— riparia, A. Cunn. in Benth Fl. Austr. II., 166	183
Hovea heterophylla, A. Cunn. in J. Hook. Fl. Tasm. I., 93 t. 15	182
———— longifolia, R. Br. in Ait. Hort. Kew, sec. ed. IV., 275	181
Goodia latifolia, Salisb. Parad. Londin. t. 41	190, 191
Lotus corniculatus, L. Sp. Pl., 775.................	192
——— australis, Andr. Bot. Rep. t. 624	193
Psoralea adscendens, F. M. in Trans. Vict. Inst. I., 40..	194
Indigofera australis, Willd. Spec. Pl. III., 1235	195
Swainsonia lessertifolia, Cand. Prodr. II., 271	196
Desmodium varians, Endl. in Ann. Wie:.. Mus. I., 185	198
Glycine clandestina, Wendl. Bot. Beobacht, 54	200, 201
Caulinia monophylla, F.M. Fragm. VII., 128	197
———— prostrata, F.M. Fragm. VII., 128	199
Acacia siculiformis, A. Cunn. in Hook. Lond. Journ. I., 337	203
———— juniperina, Willd. Spec. Pl. IV., 1049	205
———— diffusa, Edw. Bot. Reg., 634	204
———— verticillata, Willd. Spec. Pl. IV., 1049......	206, 207
———— Riceana, Hensl. in Maund's Bot. III., t. 135 ..	208
———— axillaris, Benth. in Hook. Lond. Journ. I., 340..	209
———— vomeriformis, A. Cunn. in Hook. Lond. Journ. I., 332	202
———— verniciflua, A. Cunn. in Field's N. S. Wales, 344	213
———— stricta, Willd. Spec. Pl. IV., 1052	214
———— penninervis, Sieb. in Cand. Prodr. II., 452.	
———— suaveolens, Willd. Spec. Pl. IV., 1050	211
———— crassiuscula, Wendl. Comment. Acac. 31, t. 8...	212
———— myrtifolia, Willd. Sp. Pl. IV., 1054	210

Acacia melanoxylon, R. Br. in Ait. Hort. Kew, sec.
ed. V., 462 215
——— longifolia, Willd. Spec. Pl. IV., 1052.... 216, 217, 218
——— discolor, Willd. Spec. Pl. IV., 1068 219
——— decurrens, Willd. Spec. Pl. IV., 1072 ...... 220, 221

Rosaceæ.

Geum urbanum, L. Sp. Pl., 501 227
——— renifolium, F.M. in Transact. Phil. Inst. Vict. II.,
66 228
Potentilla anserina, L. Sp. Pl. 495 224
Rubus Gunnianus, Hook. Icon. Pl. t. 291............ 223
——— parvifolius, L. Sp. Pl. edit. sec., 707 222
Acæna ovina, A. Cunn. in Field's N. S. Wales, 358.... 226
——— montana, J. Hook. in Lond. Journ. of Bot. VI.,
276.
——— sanguisorbæ, Vahl. Enum. I., 294 225

Saxifrageæ.

Tetracarpæa Tasmanica, J. Hook. in Icon. Pl. 264 302
Anodopetalum biglandulosum, A. Cunn. in Endl. Gen.,
818 299
Anopterus glandulosa, La Bill. Specim. I., 86 t. 112 ... 303
Eucryphia Billardierii, Spach Suit a Buff. V., 345 ....98, 99
Bauera rubioides, Andr. Bot. Rep. t. 198.......... 300, 301

Crassulaceæ.

Tillæa verticillaris, Cand. Prodr. III., 382............ 291
——— purpurata, J. Hook. in Lond. Journ. of Bot. VI.,
472.. 292
——— macrantha, J. Hook. in Icon. Pl. 310.......... 293
——— intricata, Nees in Lehm. Pl. Preiss. I., 278 294

Halorageæ.

Myriophyllum amphibium, La Bill. Specim. II., 70, t. 220 243
——————— pedunculatum, J. Hook. in Lond. Journ.
of Bot. VI., 474 244
——————— integrifolium, J. Hook Fl. Tasm. I., 123
t. 23A 245
——————— elatinoides, Gaud. in Ann. Scienc. Nat. V.,
105.. 241
——————— variifolium, J. Hook. in Icon. Pl. 289 .. 242
Meionectes Brownii, J. Hook. in Icon. Pl. t. 306...... 247
Haloragis ceratophylla, Endl. Atakta 16, t. 15 236

Haloragis micrantha, R. Br. in Flind Voy., 550 240
———— tetragyna, R. Br. in Flind. Voy., 550 238
———— teucrioides, A. Gr. Bot. Wilk. Exped. I., 625 237
———— depressa, Walp. Repert. II., 99............ 239
Gunnera cordifolia, J. Hook. Fl. Tasm. I., 125........ 249
Callitriche verna, L. Sp. Pl. edit sec., 6 248
Ceratophyllum demersum, L. Sp. Pl., 992............ 246

Onagreæ.

Epilobium tetragonum, L. Sp. Pl., 495............ 229–234
Œnothera Tasmanica, J. Hook. Fl. Tasm. I., 119 235

Lythraceæ.

Lythrum salicaria, L. Sp. Pl., 446 250
———— hyssopifolia, L. Sp. Pl., 447................ 251

Myrtaceæ.

Calycothrix tetragona, La Bill. Specim. II., 8, t. 146 .. 252
Thryptomene micrantha, J. Hook. in Kew Misc. V., 299,
  t. 8 253
Bæckea diffusa, Sieb. in Cand. Prodr. III., 230.. 283, 284, 285
———— Gunniana, Schauer in Walp. Repert. II., 921.. 286
Leptospermum lævigatum, F. M. Report, 1858........ 282
———————— flavescens, Sm. in Transact. Linn. Soc.
  III., 262 278
———————— scoparium, R. and G. Forster Char. Gen.,
  48 276
———————— lanigerum, Sm. in Transact. Linn. Soc.
  III., 263 .... 277, 279
———————— myrtifolium, Sieb. in Cand. Prodr. III.,
  238 .... 280, 281
Kunzea corifolia, Reichenb. Conspect., 178 259
Callistemon salignus, Cand. Prodr. III., 223 ...... 260, 261
Melaleuca gibbosa, La Bill. Specim. II., 30, t. 172 258
———— squarrosa, Sm. in Transact. Linn Soc. VI., 300 257
———— squamea, La Bill. Specim. II., 28, t. 168.... 254
———— ericifolia, Sm. in Transact. Linn. Soc. III.,
  276. .... 255, 256
Eucalyptus coriacea, A. Cunn. in Walp. Rep. II., 925.. 272
———— coccifera, J. Hook. in Lond. Journ. VI., 477 265
———— amygdalina, La Bill. Specim. II., } 263, 271, 274,
  14, t. 154 .... }   275
———— cordata, La Bill. Specim. II., 13, t. 152.... 262
———— obliqua, L'Her. Sert. Angl. 18, t. 20 273

Eucalyptus globulus, La Bill. Voy. I., 153, t. 13 264
——— urnigera, J. Hook in Lond. Journ. VI., 477 266
——— vernicosa, J. Hook. in Lond. Journ. VI., 478 270
——— viminalis, La Bill. Specim. II., 12 t. 151 .. 267
——— Stuartiana, F. M. in Ned. Kruidk. Arch. IV.,
131 269
——— Gunnii, J. Hook. in Lond. Journ. III., 499 268
——— Sieberi, F. M. Atlas, 1879.

Cucurbitaceæ.

Sicyos angulata, L. Sp. Pl. 1013.................... 287

Laurinæ.

Cassytha glabella, R. Br. Prodr., 404 686
——— pubescens, R. Br. Prodr., 404............... 685
——— melantha, R. Br. Prodr., 404 684

Stackhousiaceæ.

Stackhousia pulvinaris, F. M. in Transact. Phil. Soc.
Vict., 101.
——— flava, Hook. Icon. t. 269 153
——— linarifolia, A. Cunn. in Field's N. S. Wales,
356 .... 150, 151
——— spathulata, Sieb. in Spreng. Cur. Post., 124 152

Rhamnaceæ.

Pomaderris elliptica, La Bill. Specim. I., 61,} 144, 145, 146
t. 86 ....
——— apetala, La Bill. Specim. I., 62, t. 87 147
——— racemosa, Hook. Journ. I., 256.......... 148
——— phyllicifolia, Lodd. Bot. Cabin. t. 120 149
Spyridium serpillaceum, F. M. Fragm. III., 80........ 132
——— parvifolium, F. M. Fragm. III., 79 ..... 138, 139
——— Lawrencei, Benth. Fl. Austr. I., 430 134
——— obovatum, Benth. Fl. Austr. I., 499........ 140
——— Gunnii, Benth. Fl. Austr. I., 430.......... 137
——— eriocephalum, Fenzl. in Hueg. Enum., 24. .133, 135
——— ulicinum, Benth. Fl. Austr. I., 434 136
——— leucophractum, F. M. Fragm. III., 77 143
Cryptandra amara, Sm. in Transact. Linn. Soc. X., 295,
t. 18, f. 2 141
——— alpina, J. Hook. Fl. Tasm. I., 75, t. 12 142
Discaria australis, Hook. Bot. Miscell. I., 137, t. 45 ... 131

Santalaceæ.

Leptomeria glomerata, F. M. in Hook. Fl. Tasm. II., 370	729
———— Billardierii, R. Br. Prodr., 354	728
Thesium australe, R. Br. Prodr., 212	730
Exocarpus humifusa, R. Br. Prodr., 357..............	727
———— stricta, R. Br. Prodr., 357................	726
———— cupressiformis, La Bill. Voy. I., 155, t. 14 ..	725

Proteaceæ.

Isopogon ceratophyllus, R. Br. in Transact. Linn. Soc. X., 72...	688
Conospermum taxifolium, Sm. in Rees Cycl. IX.......	687
Bellendena montana, R. Br. in Transact. Linn. Soc. X., 166	693
Agastachys odorata, R. Br. in Transact. Linn. Soc. X., 158	689
Cenarrhenes nitida, La Bill. Specim. I. 36, t. 50.......	690
Persoonia Gunnii, J. Hook. in Lond. Journ. VI., 283..	692
———— juniperina, La Bill. Specim. I., 33, t. 45	691
Orites diversifolia, R. Br. in Transact. Linn. Soc. X., 190	700
——— Milligani, Meissn. in Cand. Prodr. XIV., 424 ..	701
——— revoluta, R. Br. in Transact. Linn. Soc. X., 190 .	702
——— acicularis, R. Br. Proteac. Nov., 32............	703
Grevillea australis, R. Br. in Transact. Linn. Soc. X., 171	694
Hakea pugioniformis, Cav. Annal. Hist. Nat. I., 213, t. 11	696
——— epiglottis, La Bill. Specim. L. 30, t. 40	695
——— acicularis, R. Br. in Transact. Linn. Soc. X., 182 .... }	698, 699
——— nodosa, R. Br. in Transact. Linn. Soc. X., 179.	
——— microcarpa, R. Br. in Transact Linn. Soc. X., 182	697
——— ulicina, R. Br. Proteac. Nov., 29.	
Telopea truncata, R. Br. in Transact. Linn. Soc. X., 198	704
Lomatia tinctoria, R. Br. in Transact. Linn. Soc. X., 189	706
——— polymorpha, R. Br. in Transact. Linn. Soc. X., 200..	705
Banksia marginata, Cav. Annal. Hist. Nat. I. 227, t. 13	708
——— serrata, L. Fil. Suppl., 126	707

Thymeleæ.

Pimelea cinerea, R. Br. Prodr., 361	713
——— Milligani, Meissn. in Cand. Prodr. XIV., 509.	
——— glauca, R. Br. Prodr., 360	721
——— linifolia, Sm. Bot. of N. Holl. 31, t. 11....	719, 720

Pimelea ligustrina, La Bill. Specim. I. 9, t. 3 717
——— humilis, R. Br. Prodr., 361 722
——— sericea, R. Br. Prodr., 361 715
——— nivea, La Bill. Spec. I., 10, t. 6 714
——— drupacea, La Bill. Specim. I., 10, t. 7 712
——— filiformis, J. Hook. in Lond. Journ. VI., 280.. 710
——— axiflora, F. M. in Linnæa, XXVI., 345.
——— pauciflora, R. Br. Prodr., 360 723
——— pygmæa, F. M. in Linnæa, XXVI., 346 724
——— serpillifolia, R. Br. Prodr., 360.
——— flava, R. Br. Prodr., 361. 718
——— curviflora, R. Br. Prodr., 362 711
——— stricta, Meissn. in Linnæa XXVI., 348.
Drapetes Tasmanica, J. Hook. in Kew Miscell. V., 299,
  t. 7 709

Umbelliferæ.

Hydrocotyle hirta, R. Br. in Ach. Rich. Hydrocot.
  64.............................. 305, 306, 307, 308
——— tripartita, R. Br. in Ach. Rich. Hydrocot.
  69, t. 61 311
——— pterocarpa, F. M. in Transact. Vict. Inst-
  1855, 126 309
——— callicarpa, Bunge in Lehm. Pl. Preiss. I.,
  283 310
——— Asiatica, L. Sp. Pl. 234................. 304
Didiscus humilis, J. Hook. Icon Pl. t. 304 313
——— pilosus, Benth. in Hueg. Enum., 54......... 312
Xanthosia pilosa, Rudge in Transact. Linn. Soc. X., 301,
  t. 22, f. 1 314
——— pusilla, Bunge in Lehm. Pl. Preiss. I., 291.. 316
——— dissecta, J. Hook. Icon. Pl. t. 302 315
Azorella saxifraga, Benth. Fl. Austr. III., 365........ 321
——— dichopetala, Benth. Fl. Austr. III., 365...... 319
Huanaca hydrocotyle, Benth. and Hook. Gen. Pl. I., 874 317
——— cordifolia, Benth. and Hook. Gen. Pl. I., 874 318
Actinotus bellioides, Benth. Flor. Austr. III., 369..... 320
Eryngium vesiculosum, La Bill. Specim. 1, 73, t. 98 ... 323
Apium prostratum, La Bill. Voy. I., 141 325
Oreomyrrhis andicola, Endl. Gen. Pl., 787 327–331
Crantzia lineata, Nutt. Gen. Pl. Amer. I., 178 324
Aciphylla procumbens, F. M. in Benth. Fl. Austr. III.,
  375... 322
Daucus brachiatus, Sieb. in Cand. Prodr. IV., 214 326

Araliaceæ.

Panax Gunnii, J. Hook. in Lond. Journ. VI., 466	332
——— sambucifolius, Sieb. in Cand. Prodr. III., 255.	

Caprifoliaceæ.

Sambucus Gaudichaudiana, Cand. Prodr. IV., 322	333

Rubiaceæ.

Coprosma hirtella, La Bill. Specim. I., 70, t. 95	334
——— microphylla, A. Cunn. in J. Hook. Fl. Tasm. I., 165	335
——— nitida, J. Hook. in Lond. Journ. VI., 465 ..	336
——— pumila, J. Hook. in Lond. Journ. VI., 465..	337
——— repens, J. Hook. Fl. Antarct. I., 23, t. 16A.	
——— nertera, F. M. Fragm. IX., 186.	
Opercularia ovata, J. Hook. in Lond. Journ. VI., 465..	338
——— varia, J. Hook. in Lond. Journ. VI., 466..	339
Asperula conferta, J. Hook. in Lond. Journ. VI., 464	341–346
Galium umbrosum, Sol. in G. Forst. Prodr., 89	347
——— ciliare, J. Hook. in Lond. Journ. VI., 461	348
——— australe, Cand. Prodr. IV., 608	349, 350
——— albescens, J. Hook. in Lond. Journ. VI., 462..	351
——— Aparine, L. Sp. Pl., 108.	

Compositæ.

Aster viscosus, La Bill. Specim. II., 53..............	353
——— argophyllus, La Bill. Specim. II., 52, t. 201	352
——— myrsinoides, La Bill. Specim. II., 53, t. 202	354, 355
——— persoonoides, A. Cunn. in Cand. Prodr. V., 267	356, 357
——— obcordatus, F. M. Fragm. V., 69	358
——— pinifolius, F. M. Fragm. V., 71..............	362
——— ledifolius, A. Cunn. in Cand. Prodr. V., 269	363
——— stellulatus, La Bill. Spec. II., 50, t. 196 ..	359, 360, 361
——— axillaris, F. M. Fragm. V., 64	364
——— ramulosus, La Bill. Specim. II., 51, t. 198	365
——— florulentus, F. M. Fragm. V., 82	367
——— lepidophyllus, Pers. Syn. II., 442..............	366
——— glutescens, F. M., Fragm. V., 77	369
——— Hookeri, F. M.	370
——— glandulosus, La Bill. Specim. II., 50, t. 197	368

Aster Huegelii, F. M. Fragm. V., 79................ 371
——— Celmisia, F. M. Fragm. V., 84................ 372
Vittadinia australis, A. Rich. Voy. Astrol., 250..... 373, 374
Erigeron pappochromus, La Bill. Specim. II., } 375, 376, 377
47, t. 193............................... }
Lagenophora Billardierii, Cass. in Dict. } 384, 391, 392, 393
XXV., 111 .... }
——————— Huegelii, Benth. in Hueg. Enum., 59.... 394
——————— emphysopus, J. Hook. Fl. Tasm. I., 189.. 395
Brachycome diversifolia, F. & M. Ind. Sem. Hort. Petr.
II., 31 388
——————— radicans, Steetz in Lehm. Pl. Preiss. I., 420 380
——————— graminea, F. M. Fragm. I., 49.......... 383
——————— angustifolia, A. Cunn. in Cand. Prodr. V.,
306.. 385
——————— decipiens, J. Hook. in Lond. Journ. VI.,
114.. 378
——————— cardiocarpa, F. M. in Benth. Fl. Austr. III.,
517.. 381
——————— scapiformis, Cand. Prodr. V., 306..... 379, 382
——————— stricta, Cand. Prodr. V., 305 .... 386, 387
——————— ciliaris, Less. Synops. Compos., 172...... 389
Nablonium calyceroides, Cass. in Dict. XXXIV., 101.. 396
Cotula filifolia, Thunb. Fl. Cap. 696.
——— coronopifolia, L. Sp. Pl., 892.............. 397, 399
——— australis, J. Hook. Fl. Nov. Zel. I., 128 398
——— alpina, J. Hook. Fl. Tasm. I., 192, t. 51A...... 400
——— reptans, Benth. Fl. Austr. III., 551........ 401, 402
——— filicula, J. Hook. Fl. Austr. III., 551 403
Centipeda orbicularis, Lour. Fl. Cochinch. II., 602.... 404
Abrotanella Forsterioides, J. Hook. Handb. I., 139.... 405
——————— scapigera, F. M. in Benth. Fl. Austr. III.,
553.. 406
Angianthus Preissianus, Benth. Fl. Austral. III., 566.. 412
Calocephalus Brownii, F. M. Rep. on Babb. Pl. 13.... 408
——————— lacteus, Less. Synops. Comp., 271 407
——————— citreus, Less. Synops. Comp., 271.
Craspedia Richea, Cass. in Dict. XI., 353 .... 409, 410, 411
Casinia aculeata, R. Br. in Transact. Linn. Soc. XII.,
127.. 416
——— longifolia, R. Br. in Transact. Linn. Soc. XII.,
127.
——— spectabilis, R. Br. in Transact. Linn. Soc. XII.,
128.. 415
Rutidosis pumilo, Benth. Fl. Austr. III., 595...... 413, 414

Millotia tenuifolia, Cass. in Ann. Scienc. Nat. 1829, p. 31 438
Ixiolæna supina, F. M. in Transact. Vict. Inst. 1855, 37.
Podolepis acuminata, R. Br. in Ait. Hort. Kew, sec. ed. V., 82... 437
Leptorrhynchus squamatus, Less. Synops. Comp., 273 .. 435
——————— elongatus, Cand. Prodr. VI., 160...... 436
——————— linearis, Less. Synops. Comp., 273.
Helichrysum scorpioides, La Bill. Specim. II., 45, t. 191 440
——————— dealbatum, La Bill. Specim. II., 45, t. 190 445
——————— Spiceri, F. M. Fragm. XI., 47.
——————— pumilum, J. Hook. Fl. Tasm. I., 213, t. 60 446
——————— Milligani, J. Hook. Fl. Tasm. I., 214, t. 60 447
——————— lucidum, Henckel Adumbr., 1806..... 443, 447
——————— leucopsidium, Cand. Prodr. VI., 193 444
——————— apiculatum, Cand. Prodr. VI., 195 442
——————— semipapposum, Cand. Prodr. VI., 105.... 441
——————— reticulatum, Less. in Steud. Nomencl. edit. II. 422
——————— cinereum, F. M. in Benth. Fl. Aust. III., 629... 423
——————— bracteolatum, Benth. Fl. Austr. III., 630. 424
——————— Gunnii, F. M. in Benth. Fl. Austr. III., 630 430
——————— ledifolium, Benth. Fl. Austr. III., 631 ... 427
——————— rosmarinifolium, Less. in Steud. Nomencl. edit. II. 428, 429, 431
——————— ferrugineum, Less. in Steud. Nomencl. edit. II. 432
——————— antennarium, F. M. in Benth. Fl. Austr. III., 632 425
——————— obcordatum, F. M. in Benth. Fl. Austr. III., 632 421
——————— Backhousii, F. M. in Benth. Fl. Austr. III., 632 426
——————— Gravesii, F. M.
——————— baccharoides, F. M. Fragm. V., 200 417
——————— scutellifolium, Benth. Fl. Austr. III., 633 420
——————— lycopodioides, Benth. Fl. Austr. III., 634 418
——————— selaginoides, F. M. in Benth. Fl. Austr. III., 634 419
Helipterum anthemoides, Cand. Prodr. VI., 216 449
——————— incanum, Candr. Prodr. VI., 215 448
Antennaria Planchoni, F. M. 455
——————— nubigena, F. M. in Transact. Phil. Soc. Vict. I., 45 433
——————— Meredithæ, F. M. in Papers Roy. Soc. Tasm, 1870, p. 15,

Gnaphalium luteo-album, L. Sp. Pl., 851 450
——————— Japonicum, Thunb. Fl. Jap., 311 ..... 451, 452
——————— alpigenum, F. M. in Hook. Fl. Tasm. I.,
217, t. 62A..................................... 453
——————— indutum, J. Hook. in Lond. Journ. VI., 121 454
Pterygopappus Lawrencei, J. Hook. in Lond. Journ. VI.,
120 434
Erechtites prenanthoides, Cand. Prodr. VI., 296 456
——————— arguta, Cand. Prodr. VI., 296 457
——————— quadridentata, Cand. Prodr. VI., 295.... 458, 460
——————— hispida, Cand. Prodr. VI., 296 459
Senecio papillosus, F. M. in Transact. Vict. Inst. II., 69 471
——————— primulifolius, F. M. in Transact. Vict. Inst. II.,
69 470
——————— pectinatus, Cand. Prodr. VI., 372......... 463, 464
——————— spatulatus, Ach. Rich. Sert. Astrolab., 125 465
——————— centropappus, F. M. Gen. Rep. 1858, 26 474
——————— lautus, G. Forster Prodr., 91 .... 461, 462
——————— velleyoides, A. Cunn. in Cand. Prodr. VI., 374 466
——————— australis, Willd. Spec. Pl. III., 1981 467
——————— odoratus, Horn. Hort. Hafn. II., 809 468
——————— Bedfordi, F. M. Gen. Rep. 1858, 26.......... 472
——————— Billardieri, F. M. Gen. Rep. 1858, 26 473
Cymbonotus Lawsonianus, Gaud. Bot. Voy. Freycin.,
462, t. 86 475
Microseris Forsteri, J. Hook. Fl. Nov. Zel. I., 151 476

Stylideæ.

Stylidium graminifolium, Sw. in Mag. Berl. 1805, 49,
t. I... 492
——————— perpusillum, J. Hook. in Lond. Journ. VI., 260 491
——————— despectum, R. Br. Prodr., 571 490
Leeuwenhoekia dubia, Sond. in Lehm. Pl. Preiss. I., 392.
Phyllachne bellidifolia, F. M. Fragm. VIII., 39 493
Donatia Novæ Zealandiæ, J. Hook. Fl. Nov. Zel. I., 81,
t. XX.

Campanulaceæ.

Lobelia microsperma, F. M. Fragm. X., 41 499
——— Browniana, R. & S. Syst. Veg. V., 71.
——— simplicicaulis, R. Br. Pr., 564.
——— platycalyx, F. M. Fr. IV., 183.
——— anceps, Thunb. Prodr. Fl. Cap. 40............ 494
——— surrepens, J. Hook. Fl. Tasm. I., 237, t. 19.... 495
——— pratioides, Benth. Fl. Austr. IV., 131.
——— irrigua, R. Br. Prodr., 563 ...., 498

Lobelia pedunculata, R. Br. Prodr., 563............. 496
Isotomia fluviatilis, F. M. in Benth. Fl. Austr. IV., 136 497
Wahlenbergia gracilis, A. de Cand. Monog. Campan.,
 142 500
——————— saxicola, A. de Cand. Monog. Campan.,
 144 501

Goodenoviaceæ.

Brunonia australis, Sm. in Transact. Linn. Soc. X. 367,
 t. 28 479
Dampiera stricta, R. Br. Prodr., 589 480
Scævola Hookeri, F. M. Rep. 1853, p. 15............. 481
——— æmula, R. Br. Prodr., 584.
——— microcarpa, Cav. Icon. VI., 509.
Selliera radicans, Cav. Icon. V., 49, t. 474............ 482
Goodenia humilis, R. Br. Prodr., 575 483
——————— elongata, La Bill. Specim. I., 52, t. 75 485
——————— geniculata, R. Br. Prodr., 577 486
——————— ovata, Sm. in Transact. Linn. Soc. II., 347 .. 487
——————— barbata, R. Br. Prodr., 576.
Velleya paradoxa, R. Br. Prodr., 580................ 488
——— montana, J. Hook. in Lond. Journ. VI., 265 .. 489

Gentianeæ.

Limnanthemum exaltatum, F. M. Fragm. IX., 165 585
——————— exiguum, F. M. Fragm. IX., 164...... 586
——————— Gunnii, F. M., Fragm. IX., 164 587
Gentiana saxosa, G. Forst. in Svensk Akad. Handl. 1777,
 p. 183, t. 5 .... 583, 584
Sebæa ovata, R. Br. Prodr., 452.................... 580
——— albidiflora, F. M. in Transact. Phil. Soc.
 Vict. I., 46.. 581
Erythræa australis, R. Br. Prodr., 451 582

Loganiaceæ.

Mitrasacme pilosa, La Bill. Specim. I., 36, t. 49 591
——————— serpillifolia, R. Br. Prodr., 454 590
——————— montana, J. Hook. Fl. Tasm. I., 274, t. 88. 592
——————— Archeri, J. Hook. Fl. Tasm. II., 368...... 593
——————— paradoxa, R. Br. Prodr., 454 588
——————— distylis, F. M. in Transact. Phil. Soc. Vict. I.,
 20 589

Plantagineæ.

Plantago varia, R. Br. Prodr., 424 .... 653, 654, 655
——— Tasmanica, J. Hook. in Lond. Journ. VI.,
 276 .... 656, 657

Plantago Brownii, Rapin in Mem. Soc. Linn. Par. VI., 484 .... 658, 659
——— Gunnii, J. Hook. in Lond. Journ. V., 466, t. 13 660

Oleaceæ.
Notelæa ligustrina, Vent. Choix, 35 577

Apocyneæ.
Lyonsia straminea, R. Br. Prodr., 466 579
Alyxia buxifolia, R. Br. Prodr., 470 578

Epacrideæ.
Styphelia adscendens, R. Br. Prodr., 537 506
——— humifusa, Pers. Synops. I., 174 507
——— pinifolia, Spr. Syst. I., 659 508
——— Billardierii, F. M. Fragm. VI., 43........... 509
——— straminea, Spr. Syst. I., 656 .... 510, 511
——— Hookeri, F. M. Fragm. VI., 44............. 513
——— dealbata, Spr. Syst. I., 659................ 512
——— abietina, La Bill. Specim. I., 48, t. 68 517
——— oxycedrus, La Bill. Specim. I., 49 ...... 514, 516
——— parvifolia, R. Br. Prodr., 540............... 515
——— strigosa, Sm. Bot. New Holl................ 518
——— montana, R. Br. Prodr., 540............ 519, 529
——— lanceolata, Sm. Bot. New Holl., 49 523
——— Richei, La Bill. Specim. I., 44, t. 60........ 522
——— australis, R. Br. Prodr., 541 524
——— virgata, La Bill. Specim. I., 46, t. 65 525
——— collina, La Bill. Specim. I., 47, t. 65 .... 527, 528
——— ericoides, Sm. Bot. New Holl., 48........... 526
——— Fraseri, F. M. Fragm. VI., 46 530
——— serrulata, La Bill. Specim. I., 45, t. 62 ... 533, 534
——— elliptica, Sm. Bot. New Holl., 49.
——— lineata, F. M. 531
——— scoparia, Sm. Spec. Bot. New Holl., 48.
——— empetrifolia, R. Br. Prodr., 547............ 532
Brachyloma depressum, Benth. Fl. Austr. IV., 173 521
——— ciliatum, Benth. Fl. Austr. IV., 173 521
Trochocarpa involucrata, F. M. Fragm. VI., 57........ 539
——— pumila, F. M. Fragm. VI., 57 541
——— ericifolia, F. M. Fragm. VI., 74........... 540
——— verticillata, F. M. VI., 74 542
——— disticha, Spr. Syst. I., 660............ 535, 536
——— thymifolia, Spr. Syst. I., 660 538
——— Gunnii, F. M. VI., 74.................... 537

Epacris impressa, La Bill. Specim. I., 43, t. 58.. 544, 545, 546
——— petrophila, J. Hook. Fl. Tasm. I., 261........ 558
——— obtusifolia, Sm. Exot. Bot. I., 77, t. 40........ 555
——— myrtifolia, La Bill. Specim. I., 41, t. 55 .... 551, 557
——— exserta, R. Br. Prodr., 551 .... 553, 554
——— mucronulata, R. Br. Prodr. Specim., 552...... 556
——— lanuginosa, La Bill. Specim. I., 42, t. 57...... 547
——— heteronema, La Bill. Specim. I., 42, t. 56...... 549
——— serpillifolia, R. Br. Prodr., 551 .... 550, 552
——— microphylla, R. Br. Prodr., 550 543
——— acuminata, Benth. Fl. Austr. IV., 240 548
——— hirtella, F. M. Fragm. VI., 71............. 560, 561
——— micranthera, F. M. Fragm. VI., 72......... 562, 563
Prionotes cerinthoides, R. Br. Prodr., 553............ 559
Poiretia cucullata, Cav. Icon., t. 343 .... 564, 565, 566
Richea sprengeloides, F. M. Fragm. VI., 68.......... 567
——— procera, F. M. Fragm. VI., 68 568
——— acerosa, F. M. Fragm. VI., 69 569
——— Milligani, F. M. Fragm. VI., 69 570
——— Gunnii, J. Hook. in Lond. Journ. VI., 273 573
——— scoparia, J. Hook. Fl. in Lond. Journ. VI., 273 574
——— dracophylla, R. Br. Prodr., 555............... 572
——— pandanifolia, J. Hook. Fl. Antart. I., 50 571
Dracophyllum Milligani, Hook. Icon. Pl. 845 575
——————— minimum, F. M. Fragm. I., 39 576

Ericineæ.

Pernettya Tasmanica, J. Hook. in Lond. Journ. VI., 268... 505
Gaultihera hispida, R. Br. Prodr., 559............... 502
——————— lanceolata, J. Hook. in Lond. Journ. VI., 267 503
——————— antipoda, G. Forst. Prodr., 196 504

Convolvulaceæ.

Convolvulus erubescens, Sims Bot. Mag., t. 1067...... 594
——————— sepium, L. Sp. Pl., 153.............. 595, 596
Dichondra repens, Forst. Gen. 39, t. 20 599
Wilsonia humilis, R. Br. Prodr., 490 597
——————— Backhousii, J. Hook. in Lond. Journ. VI., 275 598
Cuscuta Tasmanica, Engelm. in Transact. Acad. St. Louis I., 512..................................... 600

Solanaceæ.

Solanum aviculare, G. Forst. Prodr., 18.............. 622
——— vescum, F. M. in Transact. Vict. Inst. 1855, p. 59.
Anthocercis Tasmanica, J. Hook. Fl. Tasm. I. 289, t. 92 623

Scrophularinæ.

Mazus Pumilio, R. Br. Prodr., 439	625
Mimulus repens, R. Br. Prodr., 439	624
Gratiola Peruviana, L. Sp. Pl., 17	626, 627
——— nana, Benth. in Cand. Prodr. X., 404	628
Glossogyne elatinoides, Benth. in J. Hook. Fl. Nov. Zel. I., 189	629
Limosella aquatica, L. Sp. Pl., 631	630
Veronica formosa, R. Br. Prodr., 434	631
——— Derwentia, Littlejohn in Andr. Bot. Rep. t. 531	632
——— nivea, Lindl. Bot. Reg. 1842, Misc., 42	633
——— gracilis, R. Br. Prodr., 435	637
——— distans, R. Br. Prodr., 435	635
——— calycina, R. Br. Prodr., 435	634
——— plebeja, R. Br. Prodr., 435.	
——— notabilis, F. M. in Benth. Fl. Austr. IV., 511.	
Ourisia integrifolia, R. Br. Prodr., 439	638
Euphrasia scabra, R. Br. Prodr., 437	642
——— Brownii, F. M. Fragm. V., 88	639, 640, 641, 643
——— cuspidata, J. Hook. Fl. Tasm. I., 298	644

Lentibularinæ.

Utricularia flexuosa, Vahl. Enum. I., 198	645
——— dichotoma, La Bill. Specim. I., 11, t. 8	646, 647
——— lateriflora, R. Br. Prod., 431	648
——— monantha, J. Hook. Fl. Tasm. I., 299	649
Polypompholyx tenella, Lehm. Nov. Stirp. Pug. VIII., 50	650

Asperifoliæ.

Myosotis australis, R. Br. Prodr., 495	601
——— suaveolens, Poir. Diction. Suppl. IV., 44	602
Cynoglossum suaveolens, R. Br. Prodr., 495	604
——— australe, R. Br. Prodr., 495	603
——— latifolium, R. Br. Prodr., 495	605

Labiatæ.

Mentha australis, R. Br. Prodr., 505	606
——— gracilis, R. Br. Prodr., 505	607
——— saturejoides, R. Br. Prodr., 505	608
Lycopus australis, R. Br. Prodr., 500	609
Prunella vulgaris, L. Sp. Pl., 600	610
Scutellaria humilis, R. Br. Prodr., 507	611
Prostanthera lasianthos, La Bill. Nov. Holl. Pl. Spec. II., 18, t. 157	612

Prostanthera rotundifolia, R. Br. Prodr., 509 613
——————— cuneata, Benth. in Cand. Prodr. XII., 560 614
Westringia angustifolia, R. Br. Prodr., 501 617
——————— rosmariniformis, Sm. Tracts, 227, t. 3.
——————— brevifolia, Benth. Labiat., 459 616
——————— rubiifolia, R. Br. Prodr., 501 615
Teucrium corymbosum, R. Br. Prodr., 504 618
Ajuga australis, R. Br. Prodr., 503 619

Myoporinæ.

Myoporum insulare, R. Br. Prodr., 516 620
——————— parvifolium, R. Br. Prodr., 516.

Primulaceæ.

Samolus repens, Pers. Synops. I., 171 651

Cupuliferæ.

Fagus Gunnii, J. Hook. in Icon. Pl., 881 744
——— Cunninghami, Hook. Journ. of Bot. II., 152, t. 7 743

Casuarineæ.

Casuarina quadrivalvis, La Bill. Specim. II., 67, t. 218.. 745
——————— suberosa, Otto and Dietr. Gartenzeit, 1841, 155 747
——————— distyla, Vent. Jard. Cels. t. 62 746
——————— bicuspidata, Benth. Fl. Austr. VI., 202.

Coniferæ.

Athrotaxis cupressoides, D. Don. in Transact. Linn. Soc.
XVIII., 173, t. 13, f. 2 751
——————— laxifolia, Hook. Icon., 573 753
——————— selaginoides, D. Don. in Transact. Linn. Soc.
XVIII., 172, t. 14 752
Prenela Ventenatii, Mirb. in Mém. du Mus. XIII., 74.. 748
——— australis, R. Br. in Mém. du Mus. XIII., 74 .. 749
Diselma Archeri, J. Hook. Fl. Tasm. I., 353, t. 98 750
Pherosphæra Hookeriana, Arch. in Kew Misc. II., 52.. 754
Dacrydium tetragonum, Parl. in Cand. Prodr. XVI., II.,
496 757
——————— Franklini, J. Hook. in Lond. Journ. IV.,
152, t. 6 756
Nageia alpina, F. M. Bot. Teach., 38 755
Phyllocladus rhomboidalis, A. Rich. Conif., 130, t. 3 .. 758

Monocotyledoneæ.

Hydrocharideæ.

Vallisneria spiralis, L. Sp. Pl., 1015 87

Orchideæ.

Dendrobium striolatum, G. Reichenb. in Otto's Gartenzeit, 1857, 313 .... 77, 78
Sarcochilus parviflorus, Lindl. in Bot. Reg. 1838. App. 34   76
Dipodium punctatum, R. Br. Prodr., 331   75
Gastrodia sesamoides, R. Br. Prodr., 330   74
Spiranthes australis, Lindl. Orch. Pl., 464............   28
Calochilus campestris, R. Br. Prodr., 320   27
Thelymitra ixioides, Sw. in Kongel. Akad. Stockh. Handl. 1800, 228, t. 3 L.   7
———— aristata, Lindl. Orchid. Pl., 521   6
———— longifolia, R. and G. Forst. Char. Gen., 98, t. 49   5
———— carnea, R. Br. Prodr., 314   4
———— flexuosa, Endl. Nov. Stirp. Dec., 23........   2
———— antennifera, J. Hook. Fl. Tasm. II., 4, t. 101 A   1
———— cyanea, Lindl. in Benth. Fl. Austr. VI., 323   3
Diuris palustris, Lindl. Orch. Pl., 507   9
——— maculata, Sm. Exot. Bot. I., 57, t. 38...   8
——— pedunculata, R. Br. Prodr., 316   12
——— sulphurea, R. Br. Prodr., 316   10
——— longifolia, R. Br. Prodr., 316   11
Cryptostylis longifolia, R. Br. Prodr., 317............   13
Prasophyllum australe, R. Br. Prodr., 318   15
———— flavum, R. Br. Prodr., 318.............   17
———— elatum, R. Br. Prodr., 318............   14
———— brevilabre, J. Hook. Fl. Tasm. II., 11, t. 110 A.....................................   16
———— patens, R. Br. Prodr., 318 ....18, 19
———— fuscum, R. Br. Prodr., 318............20, 21
———— nigricans, R. Br. Prodr., 319.
———— rufum, R. Br. Prodr., 319   26
———— brachystachyum, Lindl. Orch. Pl., 513 ..22, 23
———— despectans, J. Hook. Fl. Tasm. II., 13, t. 113 A.   24
———— Archeri, J. Hook. Fl. Tasm. II., 14, t. 113 B   25
———— intricatum, C. St. in Benth. Fl. Austr. VI., 346   26
Microtis porrifolia, Spr. Syst. Veg. III., 713.... 51, 52, 53, 54

Corysanthes pruinosa, A. Cunn. in N. S. Wales Mag. I.	29
Pterostylis curta, R. Br. Prodr., 326	34
———— nutans, R. Br. Prodr., 327	35
———— pedunculata, R. Br. Prodr., 327	36
———— nana, R. Br. Prodr., 327	37
———— semirubra, F. M. Fragm. VIII., 247	37
———— cucullata, R. Br. Prodr., 327	39
———— furcata, Lindl. Orch. Pl., 390	40, 41
———— præcox, Lindl. Orch. Pl., 388	45
———— obtusa, R. Br. Prodr., 327	38
———— parviflora, R. Br. Prodr., 327	47
———— aphylla, Lindl. Orch. Pl., 392	46
———— barbata, Lindl. in Bot. Reg. XXV., App. 53	42
———— mutica, R. Br. Prodr., 328	43
———— rufa, R. Br. Prodr., 327	44
———— longifolia, R. Br. Prodr., 327	48
Caleana major, R. Br. Prodr., 329	32
———— minor, R. Br. Prodr., 329	33
Acianthus caudatus, R. Br. Prodr., 321	55
———— exsertus, R. Br. Prodr., 321	56
———— viridis, J. Hook. Fl. Tasm. II., 372	57
Eriochilus autumnalis, R. Br. Prodr., 323	59
Lyperanthus nigricans, R. Br. Prodr., 325	30
———— Burnetti, F. M. Fragm. V., 96	31
Cyrtostylis reniformis, R. Br. Prodr., 322	58
Caladenia pulcherrima, F. M. Fragm. V., 93	61–65
———— latifolia, R. Br. Prodr., 324	66
———— suaveolens, G. Reichenb. Beitr., 67.	
———— congesta, R. Br. Prodr., 324	70
———— carnea, R. Br. Prodr., 324	69, 71, 72
———— cœrulea, R. Br. Prodr., 324	68
———— deformis, R. Br. Prodr., 324	67
———— Menziesii, R. Br. Prodr., 325	60
Chiologottis diphylla, R. Br. Prodr., 323	49
———— Gunnii, Lindl. Orch. Pl., 387	50
Glossodia major, R. Br. Prodr., 326	73

Irideæ.

Diplarrhena Moræa, La Bill. Voy. I., 157, t. 15	81
Patersonia glauca, R. Br. Prodr., 304	79
———— longiscapa, Sweet Fl. Austr., 39, t. 39	80
Sisyrinchium pulchellum, R. Br. Prodr., 305	82
Campynema lineare, La Bill. Specim. I., 93, t. 121	107

Amaryllideæ.

Hæmodorum distichophyllum, Hook. Icon., 866	83

Hypoxis hygrometrica, La Bill. Specim. I., 82, t. 108.. 84
——— glabella, R. Br. Prodr., 289 .... 85, 86

Liliaceæ.

Bartlingia sessiflora, F. M. in Pap. R. S. Tasm. 1877, p. 116 135
Astelia alpina, R. Br. Prodr., 291 136
Milligania longifolia, J. Hook. in Kew, Misc. V., 296,
  t. IX. 138
——— densiflora, J. Hook. in Kew, Misc. V., 297.. 139
——— stylosa, F. M. in Pap. R. S. Tasm. 1876, p. 11.
——— Johnstoni, F. M. Benth. Flor. Austr. VII., 27.
Burchardia umbellata, R. Br. Prodr., 273........... 103
Wurmbsea dioica, F. M. in Pap. R. S. Tasm. 1877, } 104, 105
  116 .... }
Hewardia Tasmanica, J. Hook. Icon. Pl., 858 106
Drymophila cyanocarpa, R. Br. Prodr., 292......... 108
Blandfordia marginata, Herb. in Bot. Reg. 1842, Misc., 93 109
Chamæscilla corymbosa, F. M. Fragm. VIII., 68 117
Cæsia parviflora, R. Br. Prodr., 277 118
——— vittata, R. Br. Prodr., 277 119
Chlorophytum alpinum, Bak. in Journ. Linn. Soc. XV.,
  329 120
Arthropodium strictum, R. Br. Prodr., 276........ 113, 114
——————— paniculatum, R. Br. Prodr., 276.. 110, 111, 112
Thysanotus Patersoni, R. Br. Prodr., 284........... 121
Bulbine semibarbata, Haw. Revis., 33 116
——— bulbosa, Haw. Revis., 33 115
Tricoryne elatior, R. Br. Prodr., 278................ 123
Herpolirion Novæ Zealandiæ, J. Hook. Fl. Nov. Zel. I.,
  258 122
Stypandra cæspitosa, R. Br. Prodr., 279 .... 124, 125
Dianella longifolia, R. Br. Prodr., 280........ 126, 127, 128
——— revoluta, R. Br. Prodr., 280 129
——— elegans, Kunth and Bouché Ind. Sem. Hort.
  Ber., 1848.
——— Tasmanica, J. Hook. Fl. Tasm. II., 57, } 130, 131
  t. 133 .... }
Xanthorrhœa minor, R. Br. Prodr., 288 134
——————— australis, R. Br. Prodr., 288........... 132

Xyrideæ.

Xyris gracilis, R. Br. Prodr., 256 159
——— operculata, La Bill. Specim. I., 14, t. 10 158

Najadeæ.

Triglochin procera, R. Br. Prodr., 343 93

Triglochin striata, Ruiz and Pav. Fl. Peruv. III., 73.. 91
——— centrocarpa, Hook. Icon., t. 728 92
Potamogeton obtusifolius, Mert. and Koch. Deutschl.
 Fl. I., 855.................................... 96
——————— prælongus, Wulf. in Rœm. Arch. III., 331.
——————— perfoliatus, L. Sp. Pl., 126.
——————— natans, L. Sp. Pl., 126 ....94, 95
——————— marinus, L. Sp. Pl., 127.
Ruppia maritima, L. Sp. Pl., 127 97
Lepilæna Preissii, F. M. Fragm. VIII., 217.......... 98
Posidonia australis, J. Hook. Fl. Tasm. II., 43 99
Cymodocea antarctica, Endl. Genpl., 230 100
Zostera Muelleri, Jrmisch in Linnæa, 1867, p. 168.
——— Tasmanica, Martens in Linnæa, 1867, 168..... 101
Halophila ovalis, Gaud. Voy. Freycin. Bot., 470, t. 40.. 102

Lemnaceæ.

Lemna minor, L. Sp. Pl., 970...................... 88
——— trisulca, L. Sp. Pl., 790 89

Typhaceæ.

Typha Brownii, Kunth. Enum. III., 92 90
——— Muelleri, Rohrb. in Verhandl. Brandenb., 1869,
 p. 95.

Xerotideæ.

Xerotes longifolia, R. Br. Prodr., 262 149
——— glauca, R. Br. Prodr., 260................... 141

Junceæ.

Luzula campestris, Cand. Fl. Franc. III., 161...... 156, 157
Juncus planifolius, R. Br. Prodr., 259 142
——— cæspititius, E. Mey. in Lehm. Pl. Preiss. II., 47 143
——— falcatus, E. Meyer in Reliq. Hænk. II., 144 .. 144
——— Holoschœnus, R. Br. Prodr., 259............ 148
——— maritimus, Lam. Encycl. III., 264 149
——— pauciflorus, R. Br. Prodr., 259 .... 153, 154
——— capillareus, J. Hook. Fl. Tasm. II., 65 147
——— pallidus, R. Br. Prodr., 258 155
——— communis, E. Mey. Junc., 12 .... 150, 151, 152
——— Brownii, F. M. Report, 1853, p. 19.......... 146
——— bufonius, L. Sp. Pl., 328 145

Restiaceæ.

Restio tetraphyllus, La Bill. Specim. II., 77, t. 226 and
 227 164
——— complanatus, R. Br. Prodr., 245............. 161

Restio oligocephalus, F. M. Fragm. VIII., 68 160
———— australis, R. Br. Prodr., 245 162
———— gracilis, R. Br. Prodr., 245.................. 163
Lepyrodia Muelleri, Benth. Fl. Austr. VII., 215.
———— Tasmanica, J. Hook. Fl. Tasm. II., 72, t. 135 165
Calostrophus fastigiatus, F. M. in Pap. Roy. Soc. Tasm., 1878, p. 117.
———— elongatus, La Bill. Specim. II., 78, t. 228.
———— lateriflorus, F. M. Fragm. VIII., 87 169
Leptocarpus simplex, R. Br. Prodr., 250 166
———— tenax, R. Br. Prodr., 250 167

Centrolepideæ.

Aphelia gracilis, Sond. in Linnæa, 1856, p. 227........ 170
———— Pumilio, F. M. in Linnæa, 1856, p. 226 171
Centrolepis aristata, Rœm and Schult. Syst. Veg. I., 44. 172
———— fascicularis, La Bill. Specim. I., 7, t. 1 174
———— strigosa, R. and S. Syst. Veg. I., 43 173
———— monogyna, Benth. Flor. Austr. VII., 205.. 176
———— pulvinata, Rœm. and Schult. Syst. Veg. I., 43 175
———— muscoides, Hieron. Halle Abhandl. XII., 94. 177
———— polygyna, Hieron. Halle Abhandl. XII., 96. 179
———— glabra, F. M. in Halle Abhandl. XII., 95.. 178
Trithuria submersa, J. Hook Fl. Tasm. II., 78, t. 133.. 180

Cyperaceæ.

Cyperus lucidus, R. Br. Prodr., 218 .... 181, 182
Heleocharis sphacelata, R. Br. Prodr., 224 192
———— palustris, R. Br. Prodr., 224 193
———— acicularis, R. Br. Prodr., 224.
Isolepis fluitans, R. Br. Prodr., 221.......... 194, 195, 196
———— setacea, R. Br. Prodr., 222 .... 200, 201
———— riparia, R. Br. Prodr., 222.................. 203
———— Gaudichaudiana, Kunth. Enum. II., 201.
———— cartilaginea, R. Br. Prodr., 222 .... 197, 202
———— inundata, R. Br. Prodr., 222................ 198
———— nodosa, R. Br. Prodr., 221 199
Scirpus pungens, Vahl. Enum. II., 255.............. 204
———— lacustris, L. Sp. Pl., 48 206
———— maritimus, L. Sp. Pl., 51 205
Cladium mariscus, R. Br. Prodr., 236 227
———— filum, R. Br. Prodr., 237 .... 226, 228
———— trifidum, F. M. in Pap. R. Soc. Tasm., 1878, p. 117... 228
———— tetraquetrum, J. Hook. Pl. Tasm. II., 95, t. 149 217

Cladium radula, R. Br. Prodr., 237.
────── psittacorum, F. M. Fragm. IX., 13.......... 229
────── melanocarpum, F. M. Fragm. IX., 13........ 230
────── glomeratum, R. Br. Prodr., 237 220
────── schœnoides, R. Br. Prodr., 236 .... 224, 225
────── Gunnii, J. Hook. Fl. Tasm. II., 95, t. 148 .. 221, 223
────── junceum, R. Br. Prodr., 237 222
Lepidosperma filiforme, La Bill. Specim. I., 17, t. 15 .. 218
─────── laterale, R. Br. Prodr., 234............. 211
─────── lineare, R. Br. Prodr., 235 214
─────── squamatum, La Bill. Specim. I., 17, t. 16. 215
─────── concavum, R. Br. Prodr., 234.... 210, 212, 213
─────── longitudinale, La Bill. Specim. I., 16, t. 13 209
─────── elatius, La Bill. Specim. I., 15, t. 11.... 208
─────── gladiatum, La Bill. Specim. I., 15, t. 12.. 207
Oreobolus pumilio, R. Br. Prodr., 236 219
Schœnus fluitans, J. Hook. Fl. Tasm. II., 81, t. 141 .. 183
Chætospora alpina, Endl. Gen., 113 191
────── tenuissima, J. Hook. Fl. Tasm. II., 80, t. 140 184
────── capillaris, F. M. Fr. IX., 34 185
────── nitens, R. Br. Prodr., 233 186
────── axillaris, R. Br. Prodr., 233 188
────── imberbis, R. Br. Prodr., 233............. 187
────── sphærocephala, R. Br. Prodr., 233 189
Chorizandra enodis, Nees in Lehm. Pl. Preiss. II., 73.. 190
Caustis pentandra, R. Br. Prodr., 240 231
Carex acicularis, Boott in J. Hook. Fl. Nov. Zel. I., 280,
t. 63 232
────── tereticaulis, F. M. Fragm. VIII., 256.
────── paniculata, L. Sp. Pl., ed. sec., 1383 234
────── chlorantha, R. Br. Prodr., 242 235
────── inversa, R. Br. Prodr., 242 233
────── cæspitosa, L. Sp. Pl., 978.................... 236
────── Gunniana, Boott in Transact. Linn. Soc. XX., 237, 238
143 ....
────── pumila, Thunb. Fl. Japon., 38 239
────── Bichenoviana, Boott in J. Hook. Fl. Tasm. II.,
101.
────── flava L. Sp. Pl., 975 240
────── longifolia, R. Br. Prodr., 242 241
────── Pseudo-Cyperus, L. Sp. Pl., 978 242
────── breviculmis, R. Br Prodr., 242 243
Uncinia tenella, R. Br. Prodr., 241 245
────── riparia, R. Br. Prodr., 241 246
────── compacta, R. Br. Prodr., 241 ,,,,,,,,,,,, 247, 248

Gramineæ.

Ehrharta distichophylla, La Bill. Specim. I., 90, t. 117..	249
——— junceæ, Spreng., Syst. II., 114	250
——— acuminata, F. M. in Transact. Phil. Soc. Vict. I., 111	251
——— stipoides, La Bill. Specim. I. 91, t. 118 ..	252, 253
——— diarrhena, F. M. Fragm. VII., 89	254
Stipa semibarbata, R. Br. Prodr., 174	262
——— pubescens, R. Br. Prodr., 174	263
——— flavescens, La Bill. Specim. I., 24, t. 30	264
——— setacea, R. Br. Prodr., 174.....................	265
——— teretifolia, Steud. Glum. I., 128	268
——— micrantha, Cav. Icon. V., 42, t. 467	267
——— pentapogon, F. M. Fragm. VIII., 106	280
——— Dichelachne, Steud. Nomencl. II., 502..........	266
Cinna ovata, Kunth. Gram. I., 167	279
Agrostis quadriseta, R. Br. Prodr., 171...............	271
——— scabra, Willd. Sp. Pl. I., 370	269
——— venusta, Trin. Agrost. II., 94	270
——— Solandri, F. M. Chath. Isl. Veg., 60	272–274
——— æquata, Nees in Hook. Lond. Journ. II., 413..	273
——— scabra, R. Br. Prodr., 172	275, 277
——— montana, R. Br. Prodr., 172	276
——— frigida, F. M. First Gen. Report, 1853, p. 20.	
——— Gunniana, F. M. in Pap. Roy. Soc. Tasm., 1878, p. 119.	
Hierochloa antarctica, R. Br. Prodr., 209.............	259
——— alpina, Rœm. and Schult. Syst. Veg. II., 510	260
——— rariflora, J. Hook. Fl. Antart. I., 93	261
Anthistiria ciliata, Linn. Diss. de Gram., 35	258
Aira cæspitosa, L. Sp. Pl., 64	282
Trisetum subspicatum, Beauv. Essai, 88..............	283
Danthonia nervosa, J. Hook. Fl. Tasm. II., 121, t. 163	289, 290
——— penicillata, F. M. Fragm. VIII., 135....	284–288
Distichlis maritima, Rafin. Journ. Physig. LXXXIX., 104	300
Festuca fluitans, L. Sp. Fl., 75	291
——— syrtica, F. M. Fragm. VIII., 130.............	292
——— litoralis, La Bill. Specim. I., 22, t. 27	302
——— Hookeriana, F. M. in J. Hook. Fl. Tasm, II., 127, t. 165	301
——— duriuscula, L. Sp. Pl., 74.	
Agropyron scabrum, Beauv. Essai, 102	303
——— velutinum, Nees in Hook. Lond. Journ. II., 417	305
——— pectinatum, Beauv. Essai, 102	304

Poa cæspitosa, G. Forst. Prodr., p. 89 .... 293, 295
—— Billardierii, Steud. Glum. I. 262.
—— saxicola, R. Br. Prodr., 180 .... 294, 296
Zoysia pungens, Willd. in Berl. Verhandl. III., 440.
Hemarthria compressa, R. Br. Prodr., 207 257
Spinifex hirsutus, La Bill. Specim. II. 81, t. 230 256
Imperata arundinacea, Cyrill. Icon. Fasc. II., t. 11.
Phragmites communis, Trin. Fund., 134 281

Acotyledoneæ.

Filices.

Lycopodiaceæ.

Lycopodium Selago, L. Sp. Pl., 1102.
——————— densum, La Bill. Specim. II. 104, t. 251.
——————— laterale, R. Br. Prodr., 165.
——————— Carolinianum, L. Sp. Pl., 1104.
——————— clavatum, L. Sp. Pl., 1101.
——————— scariosum, G. Forst. Prodr., 48.
Selaginella uliginosa, Spring. Monogr. des Lyc., 60.
——————— Preissiana, Spring. Monogr. des Lyc., 62.
Tmesipteris Tannensis, Bernh. in Schrad. Journ. 1800, II., 131.
Phylloglossum Drummondi, Kunze Bot. Zeit. 1843, p. 724.

Ophiglosseæ.

Ophioglossum vulgatum, L. Spl. Pl., 1062.
Botrychium lunaria, Swartz. Syn. Fil., 171.
——————— teratum, Sw. Syn. Fil., 172.

Schizaceæ.

Schizæa bifida, Sw. in Schrad. Journ. 1800, p. 2.
——————— fistulosa, La Bill Specim. II. 103, t. 250.

Osmundaceæ.

Todea Africana, Willd. in Schrift. Acad. Erfurt, 1802, p. 14.

Gleicheniaceæ.

Gleichenia flabellata, R. Br. Prodr., 161.
——————— circinata, Sw. Syn. Fil., 165.
——————— dicarpa, R. Br. Prodr., 161.

Hymenophylleæ.

Trichomanes venosum, R. Br. Prodr., 159.
Hymenophyllum demissum, Sw. Syn. Fil., 147.

Hymenophyllum Javanicum, Spr. Syst. Veget. IV., 131.
————————— Tunbridgense, Sm. Fl. Brit., 1141.

Cyatheæ.

Cyathea medullaris, Sw. Syn. Fil., 141.
Dicksonia antarctica, La Bill. Specim. II. 100, t. 249.
Alsophila australis, R. Br. Prodr., 158.
————— excelsa, R. Br. Prodr., 158, var. Cooperi.

Polypodiaceæ.

Davallia dubia, R. Br. Prodr., 157.
Polypodium punctatum, Thunb. Prodr. Flor. Cap. 169.
———————— pustulatum, G. Forst. Prodr. n. 436.
———————— Grammitidis, R. Br. Prodr., 147.
———————— australe, Metten. Polyp., 36.
Cystopteris fragilis, Bernh. in Schrad. Journ. II., 272.
Lindsaya linearis, Sw. Syn. Fil., 118.
————— trichomanoides, Dryand. in Transact. Linn. Soc. III., 43, t. 11.
Adiantum Æthiopicum, L. Sp. Pl., edit. sec., 1560.
Cheilanthes tenuifolia, Sw. Syn. Fil., 129.
Grammitis rutifolia, R. Br. Prodr., 146.
————— leptophylla, Sw. Syn. Fil., 23.
Asplenium flabellifolium, Cav. Demonstr., 257.
————— trichomanes, L. Sp. Pl., 1080.
————— marinum, L. Sp. Pl., 1081.
————— umbrosum, J. Sm. in Hook. Journ. IV., 174.
Doodia caudata, R. Br. Prodr., 151.
Pteris falcata, R. Br. Prodr., 154.
——— aquilina, L. Sp. Pl., 1075.
——— arguta, Ait. Hort. Kew, III., 458.
——— incisa, Thunb. Prodr. Fl. Cap. 171.
——— comans, G. Forst. Prodr., 79.
Lomaria Patersoni, Spreng. Syst. IV., 62.
————— Capensis, Willd. Sp. Pl. V., 291.
————— discolor, Willd. in Magaz. Naturf. Fr. 1809, p. 160.
————— fluviatilis, Spr. Syst. Veg. IV., 65.
————— Vulcanica, Blume Enum. Fil. Jav., 202.
————— lanceolata, Spr. Syst. Veg. IV., 62.
————— alpina, Spr. Syst. Veg. IV., 62.
Aspidium coriaceum, Sw. Syn. Fil., 57.
————— decompositum, Spreng. Syst. Veg. IV., 109.
————— aculeatum, Sw. in Schrad. Journ. 1800, 37.

Printed by Libri Plureos GmbH in Hamburg, Germany